삼성은 왜
CIA 극비문서를
검토했는가

CIA SABOTAGE MANUAL

삼성은 왜
CIA 극비문서를
검토했는가

이용준 지음

더봄

"조직 망치려면 이렇게…"
삼성 전략회의에 등장한 CIA문서

美 정보국이 1944년에 만든

적국 조직와해 스파이 지침 동영상 상영

"회의 많이 만들고 불평 유도"

효율 떨어뜨리는 직원과 유사

"상사의 지시를 못 알아들은 척한다. 신속한 판단이 필요할 때 회의를 열자고 제안한 뒤 업무와 상관이 없는 경험담을 늘어놓거나 의사결정을 위한 위원회를 구성하자고 한다. 또 환경 탓만 하며 불평을 한다. 이렇게 하면 조직의 효율을 떨어뜨릴 수 있다."

지난 17일부터 나흘 동안 열린 삼성전자의 '글로벌전략 회의'에서 이런 내용을 중심으로 하는 '미국 중앙정보국^{CIA}의 스파이용 방해공작 지침'이 큰 화제가 됐다. 글로벌전략 회의는 삼성전자의 각 사업 부문장과 주요 임원, 해외법인 장 등이 모여 내년 경영환경을 점검하고 전략을 수립하는 중요한 자리다.

21일 재계에 따르면 김현석 삼성전자 CE(TV·가전)부문 장(사장·사진)은 지난 19일 CE부문 글로벌전략회의에서 내 년 경영환경과 전략 등을 직접 설명한 뒤 "동영상을 보며 발표를 마무리한다"고 말했다. 동영상은 CIA의 전신인 전 략정보국^{OSS}이 1944년 1월 발간한 '손쉬운 방해공작 현장 매뉴얼'$^{Simple Sabotage Field Manual}$을 주제로 한 것.

이 매뉴얼은 OSS가 적국의 조직·사회를 망가뜨리고 혼 란을 유도하기 위해 만들었던 행동지침이다. 특히 스파이 가 적국 조직 등에 침투해 사보타주(태업)를 유도하며 생산 성을 떨어뜨리는 데 활용된 것으로 알려져 있다. 2008년

삼성은 왜 CIA 극비문서를 검토했는가

기밀문서에서 해제돼 세상의 빛을 보게 됐고, 매뉴얼의 지침들이 기업에도 적용될 수 있다는 연구들이 나오면서 관련 경영서적이 출판되기도 했다.

삼성전자는 글로벌전략회의를 통해 매뉴얼에 나온 내용을 공유하며, 임원들에게 '회사를 망가뜨리는 일들이 벌어지고 있지 않은지' 되새겨 보게 했다. 김현석 사장의 아이디어로 동영상이 제작·상영됐는데, 임원진과 해외법인장 등의 반응이 뜨거웠다는 후문이다.

이 매뉴얼은 적국 주요 기업에 침투한 스파이들이 어떻게 하면 생산성을 떨어뜨릴 수 있는가를 안내한 20쪽짜리 소책자다. △안내 △예상 가능한 효과 △동기부여 △도구·목표·타이밍 △사보타주를 위한 특별한 제안 등 5개 챕터로 이뤄져 있다. 이 가운데 삼성전자 임직원이 공유한 내용은 '특별한 제안'이다. 회의에 참석했던 임원진은 당시 스파이의 행동이 무능한 직장인과 유사하다고 입을 모았다.

예를 들어 매뉴얼은 스파이들에게 바보처럼 행동할 것을 주문한다. 보고서의 경우 일부러 몇몇 항목을 누락시킨 채 작성하고, 상사가 업무를 지시할 경우 못 알아들은 척하라고 지시한다. 또 스파이에게 멍청하고 무지하게 행동하라고 하며 상사가 이상한 눈초리로 볼 것에 대비해 "늘 사죄하는 태도를 보여라"Always be profuse in your apologies고 명령한다.

잦은 회의와 불필요한 발언도 좋은 사보타주다. 회사가 위급할 때는 회의를 열자고 제안해야 한다. 하지만 막상 회의가 소집되면 개인적 경험담 등 "상관없는 이슈들을 가급적 자주 제기하라"Bring up irrelevant issues as frequently as possible고 주문한다. 위원회를 구성해 의사결정을 넘기는 것도 방법 중 하나다. 동료가 멋진 아이디어를 낼 경우 단어의 정확성을 따지고 "사업에 성공하지 못하면 누가 책임을 질 것이냐"고 목소리를 높여 불안감을 고조시키는 방법을 사용한다.

불평 확산은 기업에 타격을 주는 좋은 수단이다. 신입 직원들은 불완전하고 잘못된 방향으로 가르치고 탁월한

삼성은 왜 CIA 극비문서를 검토했는가

근무 성과를 보이는 직원을 만나면 "회사가 당신을 차별하고 있다"고 꼬드겨 근무 의욕을 저하시킨다. 매뉴얼은 사무직원으로 위장한 스파이를 위해 7가지 지침을 별도로 내린다. 상사를 찾는 전화가 걸려오면 "상사가 바쁘기 때문에 통화가 어렵다"고 답변하고, 우편물을 수령하면 즉시 전달하지 말고 시간을 끌기 위해 한꺼번에 전달하는 식이다. 삼성전자 관계자는 "당시에 적국에 침투한 스파이의 행동과 조직의 효율성을 떨어뜨리는 일이 매우 닮아 있다는 사실을 일깨우기에 충분한 동영상이었다"고 설명했다.

_김규식·이상덕·전경운 기자, 2018. 12. 24

삼성전자 글로벌전략회의에
등장한 'CIA 매뉴얼'

**스파이용 조직 와해하는 공작 지침… 동영상 만들어 상영
현장에서 반면교사 활용하려는 취지**

지난 17일부터 나흘간 열린 삼성전자 글로벌전략회의에
서 미국 중앙정보국[CIA]의 스파이용 '방해공작 현장 지침'이
화제에 올랐다. 주요 임원과 해외법인장들이 모여 내년도
경영전략을 논의하는 중요 회의에서 지난 19일 소비자가전
사업을 담당하는 김현석 사장이 이 내용을 동영상으로 만
들어 상영한 것이다.

동영상에는 CIA의 전신인 미 전략정보국^OSS이 1944년 발간한 '손쉬운 방해공작 현장 매뉴얼'의 내용이 담겼다. 스파이가 적국敵國의 조직에 침투해 생산성을 떨어뜨리는 데 쓰인 지침으로, 기업 현장에서도 반면교사反面敎師처럼 활용할 수 있다는 취지에서다. 즉 삼성전자 내에서도 이처럼 회사를 망가뜨리는 일이 벌어지고 있지 않은지 점검해보라는 뜻이다.

스파이 지침에는 상대 조직의 경쟁력을 훼손하는 방법이 열거돼 있다. '회사가 위급하고 신속한 결정이 필요할 때 자주 회의를 열자고 제안한다', '막상 회의가 열리면 개인적 무용담처럼 주제와 관련없는 얘기를 한다', '좋은 아이디어가 나오면 단어의 정확성을 따지고, 실패하면 누가 책임지느냐는 말로 불안감을 고조시킨다' 등이 주요 내용이다.

미국 CIA의 손쉬운 방해공작 현장 매뉴얼

또 '주요 보고서는 일부 내용을 누락해 작성하고, 상사가 업무를 시키면 못 알아들은 척하고, 늘 사죄하는 태도를 보이라', '신입 사원들에게 잘못된 방향으로 업무를 지시하고, 탁월한 성과를 내는 직원에게는 회사가 당신을 차별하고 있다고 부추겨 근무 의욕을 저하시키라'는 지침도 있다.

삼성 전략회의에 참가한 임원들 사이에서는 "스파이의 모습이 무능한 직장인의 모습과 똑 닮았다"는 말이 나왔다고 한다. 삼성전자 관계자는 "스파이의 행동이 조직 효율성을 떨어뜨리는 일과 매우 닮아있는 만큼 이를 바탕으로 임직원들이 스스로를 되돌아보며 경각심을 일깨우자는 취지"라고 말했다.

_박순찬 기자, 2018. 12. 24

프롤로그

오늘날 미국 중앙정보국 CIA의 전신인 미국 전략정보국^{OSS, Office of Strategic Services}의 윌리엄 도너번 국장^{William J. Donovan}은 1944년 1월 17일 본문 32페이지 분량의 작은 소책자 배포를 최종 승인한다. 소책자의 이름은 '단순 공작 필드 매뉴얼'^{Simple Sabotage Field Manual}.

당시는 2차 세계대전이 한창인 시기였고, 나치 세력에 대항하려는 레지스탕스들의 자발적인 움직임이 유럽을 중심으로 활발히 일어나고 있었다. 레지스탕스 활동은 정규군이 아닌 일반 시민들의 저항 행위를 말한다. 점령군의 주둔이 길어지자, 레지스탕스의 활동은 단순 언론 활동에서 군사시설 파괴와 보급물품 약탈에 이르기까지 폭넓은 활동으로 이어졌다. 이에 레지스탕스의 중요성을 인지한 전략정보국은 일반 시민들의 능력으로 어떻게 하면 들키지 않고 점령군 내부에 침투해 이들을 교란시키고 궁극적으로 무너뜨릴 수 있을지 고민했다.

OSS의 '단순 공작 필드 매뉴얼'은 이런 배경에서 탄생한 레지스탕스 행동 교범이다. 일반 시민들이 특별한 도구나 장비의 도움 없이 일상에서 생활 공작을 펼치기 위한 지침서인 것이다.

이 매뉴얼은 일반 시민들을 위한 공작 가이드답게 제각기 다른 삶의 영역에서 공작 활동을 펼칠 수 있는 다양한 분야의 공작 활동을 다루고 있다. 그가 전기기술자라면 주요 시설의 전력을 끊는다든가, 공장에서 근무한다면 일부러 실수를 해 생산성을 떨어뜨리는 식이다.

한 가지 눈여겨 볼 것은 이 매뉴얼이 기업과 같은 일반적인 조직에서의 생산성을 떨어뜨리는 전략을 포함한다는 것이다. 사실 미국 전략정보국이 제시한 이 공작 가이드는 얼핏 보면 그리 대단한 전략으로 보이지 않는다. 이들이 제시하는 것은 '회의 시간에 엉뚱한 주제를 던져라', '천천히 일하라' 등과 같은 아주 사소한 행동들이기 때문이다. 하지만, 중요한 것은 이런 작은 행동들이 모여 조직이 와해되고 결과적으로 한 국가까지 무너뜨릴 수 있다는 것이다. 그리고 이것이 바로 미국 전략정보국의 최종 전략이었던 것이다.

'단순 공작 필드 매뉴얼'이 등장한 지 70년이 훌쩍 지난 시점, 삼성전자의 수뇌부 공식회의 석상에 이 단순 공작 필드 매뉴얼이 등장했다. 주요 임원과 해외법인장들이 모여 내년도 경영전략을 논의하는 중요한 자리인 글로벌전략회의에서 김현석 사장이 단순 공작 매뉴얼의 내용을 동영상으로 만들어 상영한 것이다. 삼성전자 내에서도 이처럼 회사를 망가뜨리는 일이 벌어지고 있지 않은지 점검해

보라는 의미였다.

　이들을 조심해야 하는 것은 비단 삼성뿐만이 아니다. 매뉴얼에 나온 공작 활동들이 우리가 몸담고 있는 조직과 기업에도 동일한 형태로 나타나고 있기 때문이다. 그리고 이들의 전략이 현재의 조직을 무너뜨리는 데 아직도 상당히 유효하기 때문이다.

　조직 내부의 공작원들은 조직에 불만을 표하고 이의를 제기하며 불필요한 업무 진행을 통해 조직의 생산성을 저하시키려 한다. 다양한 전략들을 교묘히 이용해 우리가 인지하지 못하는 사이 조직에 깊숙이 침투하고 조직을 천천히 교란시켜 결국 조직을 붕괴시키려는 것이다. 따라서 이들의 전략을 살펴보고 대응책을 강구해 본다면, 이런 공작 활동들을 미연에 방지할 수 있다. 또한 이들을 반면교사 삼아 기업 현장에서 보다 더 생산성을 향상시킬 수 있는 전략으로 삼을 수 있을 것이다.

　이 책은 총 5장으로 구성된 단순 공작 필드 매뉴얼의

내용 중 조직과 관리자의 입장에서 공작 활동을 기술하고 있는 11절 조항을 비즈니스에 적용한 책이다. 22개의 조항 중 현대 조직에 적용할 만한 12가지 핵심 전략만을 선별해 비즈니스적 인사이트^{insight}와 함께 녹여냈다. 이 책을 통해 조직방해 공작원들의 전략을 파악하고 효율적이고 건강한 조직으로 탈바꿈하는 데 작은 도움이 되었으면 한다.

차례

intro-1
매일경제 _05

"조직 망치려면
이렇게…"
삼성 전략회의에
등장한 CIA 문서

intro-2
조선일보 _10

삼성전자
글로벌전략회의에
등장한
'CIA 매뉴얼'

프롤로그 _13

1장

사보타주 매뉴얼과
조직관리 노하우 _21

1. 의사 결정은 신속하게 _23

2. 효율적인 커뮤니케이션을 하라 _31

3. 워크팀을 효율적으로 운영하라 _37

4. 업무 지시는 올바르게! _44

5. 중요한 것에 집중하라 _51

6. 성과를 높이는 프로젝트를 추진하라 _58

2장

관리자의 사보타주와
대응 매뉴얼 _65

1. 조직의 불만을 잘 관리하라 _67

2. 효율적인 커뮤니케이션은 기술이 아니라 태도이다 _74

3. 평가는 공정하게 하라 _80

4. 생산성을 높이는 회의 _86

5. 프로세스의 효율화는 경쟁력을 높이는 길이다 _92

6. 트렌드와 니즈에 맞춰 업무를 단순화하라 _100

에필로그 _108

―――――

리더는 조직원들이

그들에게 부과된 변화에

어떻게 반응하는지 확인해야 한다.

그들이

슬기롭게 어려움을 극복하고

조직이 원하는 결과를 향해서

달려갈 수 있도록

도와줘야 하기 때문이다.

―――――

1장

사보타주 매뉴얼과
조직관리 노하우

1

의사 결정은
신속하게 내려라

"Insist on doing everything through 'channels'. Never permit short-cuts to be taken in order to expedite decisions."

어떤 일을 할 때마다 절차를 고집하라. 신속한 의사 결정이 이뤄지지 못하게 단순한 절차를 결코 허용하지 말라.

조직관리
노하우

2차 세계대전 당시 독일군의 막강한 전력의 원천은 바로 현장 지휘관의 신속한 의사 결정 권한에서 나왔다. 독일은 지휘관에게 모든 권한을 위임함으로써 현장의 상황에 따라 지휘관의 판단으로 부대의 단독적인 임무 수행을 가능케 했다. 다시 말해서 임무의 목적과 달성해야 할 결과에 대해서만 전달하고 나머지 세부적인 전략과 임무 수행 방식은 현장 지휘관에게 전적으로 위임한 것이다. 지휘관은 '명령형 지휘체계'에 따라 임무를 수행하는 것이 아니라 '임무형 지휘체계'라는 원칙에 따라 현장 지휘관의 빠른 판단과 신속한 의사 결정 하에 자유롭고 창의적인 전술을 펼치고 임무를 완수해 나갔다. 이를 통해 독일은 프랑스, 폴란드, 러시아와 아프리카를 빠른 속도로 점령할 수 있었다.

레지스탕스들이 조직을 무너뜨리기 위해 사용한 전략 중 한 가지는 바로 이런 신속한 의사 결정이 이뤄지지 못하게 훼방을 놓는 것이었다. 미국 전략정보국은 신속한 의사 결정의 지연이 조직에 미치는 영향을 알고 있었고, 이를 훼방하는 것을 공작원의 첫 번째 임무로 부여했다. 회의에 참여한 레지스탕스들이 정해진 절차와 형식, 보고 체계를 강조하도록 하여 긴급한 사안에 관한 결정이 최대한 지연되도록 한 것이다.

현대의 조직에서도 마찬가지다. 신속한 의사 결정은 조직의 속도를 결정했고, 이는 조직의 운명 또한 결정했다. 100년 기업 제너럴 모터스^{GM}는 조직의 비대화에 따른 느린 의사 결정으로 몰락했고, 일본 본사가 모든 의사 결정 권한을 갖고 있던 도요타는 10년 전 대량 리콜 사태 발생 시 초기 대응의 지연으로 조직의 위기를 맞았다. 급변하는 비즈니스 환경에서는 신속한 의사 결정이 무엇보다 중요하다는 것이다.

조직의 민첩함이 조직의 경쟁력을 배가시키는 것은 자명한 사실이다. 빠르게 변화하는 비즈니스 환경에서 신속한 판단과 의사 결정이 조직의 지속적 성장을 가능하게 하기 때문이다. 신속한 결정은 시장의 변화를 한발 먼저 포착해 기회를 만들고 이를 통해 조직은 선두 기업으로 가는 발판을 만들 수 있다. 제때 적절한 자원을 올바른 곳에 투입해 낭비를 줄이는 적시 경영을 가능하게 하고, 이를 통해 제품의 품질과 서비스의 수준을 높이기 때문이다.

미국의 경제 및 금융 전문 채널 CNBC의 경영 매거진 〈메이크 잇〉Make It은 제프 베조스Jeff Bezos 아마존Amazon.com, Inc. CEO의 성공 비결에 대해 이렇게 밝혔다.

"의사 결정 과정은 최대한 간결하게 한다. 의사 결정 시기는 필요한 정보의 70%가 모여졌을 때 한다. 90%를 넘으면 늦어진다."

즉 의사 결정의 올바름보다는 빠른 속도가 더 중요함을 강조했다.

그렇다면 어떻게 조직에서 신속한 의사 결정을 시행할 수 있을까?

첫째, 명확한 목표를 공유해야 한다.

독일군의 재빠른 의사 결정 시스템이었던 임무형 지휘 체계의 첫 단계는 바로 명확한 목표와 의도를 제시하고 공유하는 것으로 시작됐다. 달성하고자 하는 정확한 목표와 의도를 명확하게 지시하고 임무 수행 방식을 위임한 것이다.

조직에서도 마찬가지다. 명확한 목표 공유는 빠른 조직

을 위한 첫걸음이다. 조직에서 의사 결정이 지연되는 이유는 조직의 목표가 조직 전체에 명확히 전달되지 않기 때문이다. 무슨 일을 해야 할지 모르는 직원들의 업무 생산성은 낮아질 수밖에 없으며 자연스럽게 자원과 시간의 낭비로 이어진다. 이는 결국 책임 소재도 흐리게 만들어 의사 결정과 전략 시행의 지연으로 이어진다.

조직의 목표를 제대로 공유하기 위해서는 상부의 리더십이 중요하다. 이들이 중심이 되어 기업의 목표가 어떻게 수립이 되고 만들어졌는지 충분히 설명해야 모든 조직 구성원들이 하나의 목적을 향해 달려갈 이유가 충분히 납득되기 때문이다. 조직원의 입장에서는 목표가 전달될 때까지 기다리지 않고 적극적으로 이를 파악하려는 노력이 필요하다.

이를 위해 사용할 수 있는 좋은 방법은 맥킨지^{McKinsey & Company}의 문제 해결 방식 중 하나인 'So What'을 생각해 보는 것이다. So What은 문제 해결을 위해 자료를 수집해서 분석한 자료가 어떤 의미를 가지는지 생각해 보는 것이다. 자료가 담고 있는 의미를 생각해 보고, 이를 통해 문제 해결을 위한 시사점을 찾는 것이다. 즉 엄청난 데이터를 돌려 PT 장표를 꾸미는 게 아니라, 그것이 어떤 의미를 갖는지 생각하는 것이 훨씬 중요하다는 것이다.

둘째, 권한을 위임해야 한다.

현재의 비즈니스 환경은 전장과 흡사하다. 경영 환경과 현장의 변화에 재빨리 대처하지 못하면 생존을 보장받을 수 없는 긴박한 상황에서 현장의 직원은 상사의 판단과 지시를 기다릴 여유가 없다. 즉 권한 위임을 통해 현장 실무자의 즉각적인 판단이 필요하다는 것이다.

"직원에게 온전히 위임했다. 그가 실수한다면 회사는 문을 닫아야 할 정도였다."

인도 재계 5위 대기업 바르티 엔터프라이즈Bharti Enterprises 의 수닐 바르티 미탈Sunil Bharti Mittal 회장은 이런 말을 했다. 기업 성장의 비결이 바로 철저한 위임이라는 것이다. 즉 충분한 역량을 가진 직원에게 충분한 권한을 위임하고 자율적인 의사 결정이 이루어지도록 했다는 것이다.

또 다른 사례로 미국 고급 백화점 체인 노드스트롬

삼성은 왜 CIA 극비문서를 검토했는가

Nordstrom, Inc.을 예로 들어 보자. 노드스트롬의 CEO 블레이크 노드스트롬Blake Nordstrom은 자신의 경영 철학을 이렇게 공포했다.

"첫째, 모든 상황에서 스스로 판단한다. 둘째, 모든 불리한 상황에 직면했을 때 첫 번째 원칙으로 돌아간다."

블레이크 노드스트롬은 자신의 경영 원칙에 따라 직원들이 스스로 판단해 어떤 제품이든 교환, 환불이 가능하도록 했다. 심지어 직원들에게 한 달에 200달러 한도 내에서 고객에서 친절을 베풀기 위한 목적으로 뭐든지 할 수 있는 권한을 부여했다. 그리고 그는 이런 결론을 내렸다.

"직원들에게 권한을 부여했더니 그들은 사업가처럼 일했다."

조직 속의 숨은 공작원들은 지금도 우리가 모르는 사이 신속한 의사 결정을 훼방하기 위해 고군분투하고 있을지 모른다. 형식과 절차, 보고 체계의 중요성을 고집하며 조직을 서서히 위기로 몰아넣는 것이다. 하지만 명확한 목표를 공유하고 이를 철저히 위임하는 비즈니스의 임무형 지휘체계를 구축해 간다면 이들의 세력을 무력화시키고 보다 확고한 조직을 세워갈 수 있을 것이다.

2

효율적인
커뮤니케이션을 하라

| 사보타주 매뉴얼 |

Make 'speeches'. Talk as frequently as possible and at great length. Illustrate your 'points' by long anecdotes and accounts of personal experiences. Never hesitate to make a few appropriate 'patriotic' comments.

가능한 장황하게 자주 말하라. 자신의 일화를 섞어 요점을 길게 늘어뜨리고, 애국적 코멘트를 섞어 말하는 것을 잊지 마라.

**조직관리
노하우**

미국 전략정보국이 조직을 와해시키는 전략 중 하나는 바로 가능한 한 길게 설명하고 많은 말을 하라는 것이었다. 말할 때 일화와 자신의 경험담을 길게 늘어놓고 심지어 애국적인 주제를 언급해 대화를 질질 끌라고 지시하고 있다.

글로벌 경영 컨설팅사 타워스 왓슨$^{Towers\ Watson}$은 7년간 세계적으로 620만 명의 직원들을 보유한 264개 기업을 대상으로 커뮤니케이션과 성과에 관한 조사를 시행했다. 그 결과 사내 커뮤니케이션을 효과적으로 수행하고 있는 기업들은 경영 성과도 높은 것으로 나타났다.

조직에서의 커뮤니케이션은 단순한 의사소통의 차원이 아닌 생산성과 직결된다. 커뮤니케이션이 명확해지면 조직 구성원들은 자신의 역할과 목표가 명확해지고, 목표 달성까지의 시간이 줄어들어 생산성이 늘어난다. 기업의 입장에서는 조직 구성원의 업무와 성과 파악을 통해 관리가 용이해지고 필요한 자원을 적재적소에 배치해 업무 효율을 높일 수 있다. 또한 명확한 커뮤니케이션은 잘못된 의사소통에서 기인하는 직원들 사이의 갈등 요소를 줄이고 관리하는 기능을 한다. 따라서 조직의 공작원들이 이를 훼방하지 못하게 커뮤니케이션 방식을 철저히 관리하는 것이 필요하다.

그렇다면 생산성을 높이는 효율적인 조직을 위한 커뮤니케이션 방법은 무엇일까?

첫째, 커뮤니케이션을 시작할 때는 주제의 목표에 관해 모든 구성원들이 이해할 수 있도록 설명해야 한다.

국제 구호기구 세이브더칠드런[Save the Children]의 CIO(최고 정보관리자)인 앤디 윌리엄스[Andy Williams]는 "안타깝지만, 모두가 미팅의 목적을 인지하고 참여하진 않는다. 따라서 초반 5분을 미팅의 목표를 공유하는 데 사용한다면 모두에게 좋은 영향을 끼칠 수 있다."라고 말한 바 있다. 목표를 명확히 이해해야 참석자들이 의제의 필요성을 인지하고 커뮤니케이션이 생산적으로 흘러간다는 것이다.

미팅 시 사전 자료나 간결하게 요약된 아젠다[agenda]가 있어도 미팅의 성과를 보장하지는 못한다. 미팅이 왜 필요한지에 대한 참가자들의 정확한 이해가 선행되어야 한다는 것이다. 이를 통해 의제의 목표를 현실적으로 달성할 수 있는지 조직원들과 논의가 가능하다는 것이다.

커뮤니케이션의 목표를 이해한다는 것은 모든 구성원이 같은 방향성을 바라보고 올바른 결과를 향해 나아간다는 것이다. 따라서 커뮤니케이션을 시도할 때는 반드시 서두에 가고자 하는 목표에 대한 언급이 필요하다.

둘째, 주제를 정확히 이해하고 자신의 의견을 공유한다.

일찍이 플라톤은 "현명한 사람은 무엇인가 할 이야기가 있어서 말하고, 어리석은 자는 무엇이라도 이야기해야 할 것 같기 때문에 말한다"고 했다. 조직을 훼방하는 공작원들은 정리되지 않은 이야기를 급하게 꺼내고, 한 번에 여러 가지 주제를 쏟아내며, 자신이 말하려는 주제에 집중하지 못해 산만하다. 주제에 대한 이해가 부족해 모호하고 장황한 표현을 통해 조직에 피로를 가져온다. 이를 통해 조직의 생산성을 저해할 수 있다.

따라서 이런 공작원의 활동을 방지하고, 또한 조직에서 자신이 공작원이 되지 않으려면 먼저, 말하려는 요지가 명확하게 정리되어 있어야 하고, 이에 따른 자신의 입장이 분

명해야 하며, 이해하기 쉬운 간결한 문장으로 정확하게 의
사를 전달해야 한다.

여기서 중요한 것은 커뮤니케이션 자체에 대한 목적을
잊으면 안 된다는 것이다. 중요한 회의가 끝난 후에 '아차!
이 부분은 언급을 했어야 했는데……'라는 생각은 조직 생
활을 하며 한 번쯤 겪어 봤을 것이다. 조직에서 커뮤니케이
션은 하나의 목적을 달성하기 위한 수단이다. 아무리 좋은
의견과 아이디어가 공유되었어도 커뮤니케이션의 목적을
이루지 못했다면 그 커뮤니케이션은 실패한 것이나 다름없
다.

셋째, 쌍방향 커뮤니케이션을 하라.
어떻게 보면 쌍방향 소통은 커뮤니케이션에서 가장 기
본적으로 수행되어야 할 요소이지만, 많은 기업에서 간과
하고 있는 부분이 바로 쌍방향 커뮤니케이션이다. 소통의
중요성을 인지한 많은 기업들이 커뮤니케이션 툴을 개발하
고 커뮤니케이션 채널을 다양화하려 노력하지만, Top-

down으로 흐르는 일방적인 방식은 커뮤니케이션이 아니라 통보에 불과하다.

타워스 왓슨의 조사에 따르면 직원들에게 발언권을 주는 데 있어 고성과 기업과 저성과 기업의 차이는 10배에 달한다고 한다. 즉 내부에 커뮤니케이션 전문가를 두고 그럴듯한 커뮤니케이션 전략을 수립하는 것보다 쌍방향 소통이 가능한 커뮤니케이션 채널의 운영과 직원들의 의견 수렴에 효과적인 툴의 활용, 제시된 의견에 대한 신속한 피드백이 중요하다는 것이다. 이는 결국 모든 구성원을 조직의 변화와 혁신에 참여하도록 유도해 조직의 생산성을 높이게 되는 것이다.

커뮤니케이션의 목표를 모든 구성원과 공유하고 주제에 대한 명확한 이해를 통해 서로의 의견을 공유해야 한다. 이것이 바로 생산성을 높이는 커뮤니케이션 방법이자, 생산성을 저해하려는 조직의 공작원들을 무력화시키는 방법이다.

3

워크팀을
효율적으로 운영하라

| 사보타주 매뉴얼 |

"When possible, refer all matters to committees, for 'further study and consideration'. Attempt to make the committees as large as possible — never less than five."

가능하면 모든 문제를 위원회로 넘겨 이들이 추후에 논의하도록 하라. 위원회는 최대한 크게 구성하되, 결코 다섯 명 이하로는 만들지 마라.

조직관리
노하우

'단순 공작 필드 매뉴얼'이 만들어진 것은 1944년으로, 이 당시의 위원회라는 용어는 함께 일하는 협업 그룹을 통칭해 사용하는 용어였다. 오늘날 위원회라는 단어는 프로젝트 단위로 함께 일하는 워크팀, 태스크 포스팀Task forces을 지칭한다.

때로 조직에서 주어진 업무는 개인의 역량만으로 처리하기 힘들어, 팀 단위의 협업이 필요하다. 이런 워크팀의 구성은 주어진 과업을 효율적으로 처리할 수 있다는 장점이 있지만 반대로 공작원들의 표적이 되기 쉽다. 워크팀은 과업의 책임을 나누고 함께 업무를 수행해 나갈 때 시너지를 낼 수 있지만 모두가 책임을 회피하고 업무를 놓아버리거나, 구성원들이 방향성이 맞지 않아 의도하지 않은 결과를 초래하기도 하는 양날의 검과 같기 때문이다. 공작원이 노리는 것이 바로 이 부분이다. 따라서 워크팀을 효율적으로 운영하고 성과로 연결시키기 위해서는 다음과 같은 노력이 필요하다.

첫째, 워크팀의 수행 범위를 정한다.
수행 범위란 워크팀의 역할을 정하는 것이다. 다시 말

해, 워크팀이 수행해야 할 작업과 수행하지 않을 작업을 명확히 정의하는 것이다. 워크팀의 범위에 작업이 제대로 배분되지 못했을 경우 다음과 같은 리스크가 발생한다.

- 팀원들이 업무의 방향성을 이해하지 못한다.
- 내, 외부 고객이 기대하거나 요청하는 범위를 알지 못해 잘못된 산출물을 도출한다.
- 목적에 부합하지 않은 부가적인 산출물을 끊임없이 요구받는다.
- 주어진 리소스가 잘못 사용된다.
- 프로젝트의 수행 기간이 초과되거나 예산이 부족해진다.

따라서 요구 사항, 기대하는 결과물, 제약 조건, 타임라인, 프로젝트 수행 밖의 작업들을 명확히 파악하는 것이 중요하다. 프로젝트의 첫 단계인 이 단계가 명확히 규명되지 않으면 그 프로젝트는 실패할 확률이 높아진다.

둘째, 워크팀의 과업에 적합한 팀원을 선발한다.

프로젝트 수행에 있어 가장 신중해야 할 부분이 바로 인적 자원이다. 팀원을 선발하는 기준은 실행 지식과 기술을 가진 사람들이다. 워크팀의 리더가 종종 간과하는 것은 관계나 직감에 의존해 팀원을 선택하는 것이다.

인적 자원의 역량 수준을 제대로 파악하지 못하고 업무가 시작될 경우 워크팀은 심각한 문제를 겪게 될 수 있다. 자신과 성격이 잘 맞고 평소에 친분이 있던 동료를 워크팀으로 합류시킨다면, 프로젝트 진행 시 뒤늦게 그 사람이 배정된 역할에 필요한 그 어떤 기술도 없다는 것을 알게 될 것이다. 본인이 차출한 자원을 빼게 되면 당사자의 처지가 난처해질 뿐 아니라 할당된 작업을 수행할 수 있는 다른 인원을 찾느라 시간과 비용을 낭비하게 된다. 따라서 팀원의 선발 시 다음 사항을 고려해야 한다.

- 프로젝트 수행에 필요한 역량과 지식, 기술을 정리한다.
- 후보자의 역량과 기존의 성과 수준을 파악한다.
- 주어진 주제와 관련이 있는 부서 관리자의 추천을 받는다.
- 후보자의 프로젝트 이력을 확인하고 인터뷰를 진행한다.

삼성은 왜 CIA 극비문서를 검토했는가

셋째, 워크팀의 구성원들과 정기적인 커뮤니케이션을 진행한다.

워크팀은 기본적으로 협업 공동체. 팀원 시너지를 통해 성과를 내는 조직이다. 워크팀의 프로젝트에는 독립적으로 실행하는 작업이 거의 존재하지 않는다. 워크팀은 함께 성과를 내며, 공개적으로 커뮤니케이션을 하고 서로를 이해하고 지지함으로써 이익을 얻는다.

따라서 팀원들 간의 갈등을 줄이고 워크팀이 원활히 운영되기 위해서는 다양한 방식의 커뮤니케이션을 정기적으로 진행해야 한다. 예를 들면 매일의 업무 성과를 확인하기 위한 데일리 미팅, 프로젝트 진행 시 발생한 이슈 해결을 위한 프로젝트 콜, 팀원들을 관리하기 위한 개인 면담 등의 활동이다.

넷째, 일정을 정할 때는 신중하게 정하고 정해진 일정에 따라 업무를 수행한다.

워크팀의 일정을 제대로 산정하고 계획해야 한다. 잘못된 일정은 프로젝트의 모든 것을 삼키고, 수정의 여지를 주지 않는다. 많은 리더들은 자원과 비용의 절약을 위해, 또는 단기간의 성과를 보여주기 위해 공격적인 일정을 정하는 사례가 많다. 이어질 업무와 비상 상황에 대비한 현실적인 프로젝트 진행 일정을 고려하지 않고 희망하는 기한부터 우선 목표로 정한 후 역순으로 업무 일정을 산출하고 계획하는 것이다.

물론 때로는 커다란 재무적 손해를 보는 등의 이유로 프로젝트 개시 전부터 프로젝트 완료일이 확고히 정해지는 경우가 있다. 하지만 이럴 경우 결과물의 품질은 확연히 떨어지고 경우에 따라서는 프로젝트 실패로까지 이어질 수 있다.

따라서 리더들은 제약된 상황에서도 최대한 현실적인 업무 수행의 소요 시간을 고려해 프로젝트의 일정을 산정해야 한다. 또한 한번 정해진 일정은 최대한 지키며 업무를 수행해야 한다. 일정이 중요한 이유는 프로젝트의 성공 여부가 프로젝트 완료 시기에 큰 영향을 받기 때문이다. 아무리 좋은 제품이나 서비스라 하더라도 적당한 시기에 완성해 내놓지 못한다면 제 역할을 해낼 수 없다.

급변하는 경영 환경에 신속하고 유연하게 대응하기 위해 많은 조직이 프로젝트팀 활성화의 중요성을 인지하고 다양한 방식의 워크팀을 꾸려나가고 있다. 하지만 관리되지 못한 워크팀은 공작원들의 주요 공격 포인트가 된다. 워크팀에 책임을 전가하고 성과를 내지 못하게 훼방하며 주어진 업무에 무대응으로 일관한다. 결국 체계적이고 철저한 워크팀의 관리를 통해서만이 조직의 생산성을 더욱 높일 수 있을 것이다.

4

업무 지시는
올바르게!

조직관리
노하우

"전무님 말씀은 지난 보고가 충분하지 않았 다는 뜻일 거야. 자료를 보완해서 다시 갖다 줘."

팀원들은 며칠 동안 다시 자료를 수집하고 보고서를 정리한다.

"이봐, 김 팀장, 왜 지난번이랑 같은 보고서를 들고 왔지? 내가 경쟁사 비교 자료 넣으라고 하지 않았어? 다시 가져오게."

'우리 팀장님은 왜 매일 상무님의 지시를 잘못 받아 오는 거야?'

"어제 내가 A에 대해 중점적으로 초점을 맞춰서 보고서를 작성하라고 했지?"

"네, 작성해서 출력해 놓았습니다."

"좀 전에 상무님하고 회의했는데, A보다는 B가 더 중요하다고 해서 B에 중점을 두고 작성하는 것이 맞을 거 같아. 미안하지만 내일이 사장님 보고라 오늘 퇴근 전까지 마무리하게."

위의 이야기 사례에 나오는 상사들처럼 공작원이 조직을 와해시키는 전략 중 한 가지는 매번 부적절한 주제를 조직원들에게 던지는 것이다. 부적절한 주제를 꺼내는 것은 비단 미팅에서만 일어나는 것이 아니라 업무 지시에서도 흔히 일어나는 일이다.

공작원은 잘못된 주제를 들고 와 생산성을 저하시키고, 조직원의 사기를 떨어뜨린다. 그들은 방향성 없는 모호한 지시 또는 배경 없는 세분화된 지시를 통해 엉뚱한 결과를 가져오고 시간과 자원의 낭비를 초래한다. 잘못된 업무 지시. 사실 이 문제는 조직에서 빈번히 일어나는 일이며, 우리 또한 자신도 모르게 이런 공작 활동을 펼쳤을 가능성을 배제할 수 없다.

부적절한 주제로 업무 지시를 하는 공작원들의 전략은 다음과 같다.

- 일의 목적과 배경에 대한 설명 없이 시키면 시키는 대로 하라고 한다.
- 자신도 모르는 일을 지시한다.
- 잔말하지 말고 하라고 한다.
- 시키는 대로 해서 가져가면 생각이 없냐고 다그친다.
- "어떻게 할까요?"하고 물어보면 알아서 하라고 한다.

그렇다면 어떻게 업무 지시를 해야 업무 효율을 높일

수 있을까?

첫째, 관리자의 입장에서는 구조화된 업무 지시를 한다.

업무를 지시할 때 다음과 같은 세 가지 요소를 고려하여 지시한다.

What : 무엇을 지시할 것인가(업무 내용)

Why : 왜 이 일을 해야 하는가(업무 목적)

How : 어떻게 이 일을 처리할 것인가(업무 방법)

미국 샌디에이고의 엘 코르테즈 호텔^{El Cortez Hotel}이 엘리베이터를 건축할 때의 업무지시 사례를 예를 들어보자. 1927년 완공된 엘 코르테즈 호텔은 1950년까지 샌디에이고에서 가장 높은 빌딩이자 랜드마크였다. 엘 코르테즈 호텔은 증축을 하며 신규 객층까지 올라갈 엘리베이터 구축이 필요했다. 호텔의 사장은 이렇게 지시를 한다.

"우리에게 새로운 엘리베이터가 필요하네.what 건물이 변형되지 않게 공사하되 공사 기간과 비용을 절감하고,how

공사를 마친 후에 객실이 줄어 매출이 감소하는 일이 없었으면 좋겠네.why"

지시를 받은 임원은 엘리베이터 구축을 위해 궁리했고, 호텔의 객실은 그대로 두면서 건물 외벽에 엘리베이터를 만들었다. 그 결과 세계 최초로 옥외 전망 엘리베이터가 탄생했고, 호텔의 매출 또한 상승했다. 엘 코르테즈 호텔은 구조화된 지시를 통해 명확하게 업무를 이행할 수 있었고, 또한 어려워 보이는 문제의 해결책을 훌륭하게 이끌어 낼 수 있었다.

둘째, 실무자의 입장에서는 재빠른 중간보고를 해야 한다.

잘못된 주제를 들고 오는 것은 당사자의 이해 부족 때문일 수도 있지만, 상당수는 지시하는 관리자가 명확한 지시를 내릴 역량이 부족하기 때문이기도 하다. 이런 관리자에게 "키 포인트는 무엇입니까?", "어떻게 작성해야 합니까?", "어떤 기준으로 작성해야 합니까?" 등의 물음으로 일관하는 것은 바람직하지 못하다. 관리자의 능력에 도전하는 꼴이 되고, 역으로는 자신의 역량 부족을 실토하는 격이기 때문이다.

따라서 이런 경우, 빠르게 초안을 들고 와 방향성을 잡아가는 것이 중요하다. 백지에 밑그림이 그려져 있으면 상사는 방향성을 내리기 편리하다.

또한 명확하게 지시하지 않는 관리자의 의중에는 결과에 책임을 지지 않겠다는 의도가 숨어 있을 수 있다. 말은 뱉었으나 명확한 지시가 없었으니 문제가 발생해도 책임의 소재가 없다는 것이다.

중간보고는 이럴 때 빛을 발한다. 상사의 방향성도 확인하고 결과를 공유해 책임을 상사와 나누는 것이다.

최근 잡코리아에서 직장인들을 대상으로 설문 조사를 했다. 그 결과 직장인의 95.8%가 상사와의 갈등을 경험했고 그 원인 중 64.5%가 잘못된 업무 지시에 있다는 결론이 나왔다.

조직의 업무는 지시와 이행의 연속이다. 따라서 이를 어떻게 효율적으로 관리해야 하는지가 조직에서 가장 중요

한 요소 중 하나인 것이다. 명확한 업무 지시 방법이 필요
한 까닭이다.

삼성은 왜 CIA 극비문서를 검토했는가

5

중요한 것에
집중하라

| 사보타주 매뉴얼 |

"Haggle over precise wordings of communications, minutes, resolutions."

의사소통, 회의록, 결의문에 사용되는 어휘의 정확성에 대해 실랑이를 벌이라.

조직관리
노하우

"왜 제안서에 선택안이 2개밖에 없나? 좀 더 다양한 옵션을 생각해 보게."

"김 대리, 이거 파일철 정리할 때는 색깔 별로 맞춰놓게."

"최 대리, 이거 왜 폰트가 위랑 다른가? 줄 간격도 조금

안 맞는데?"

"야, 박 과장. 오늘 외부 미팅 있는데, 넥타이 색깔이 그게 뭔가?"

2차 세계대전 당시 주요 사안에 대한 보고와 의사 결정은 문서로 진행됐다. 전시 상황에서 시간낭비는 곧 전력의 손실로 이어졌다. 이에 따라 공작원들은 모든 단어의 사용과 정확성에 대해 언쟁을 함으로써 중요한 정보의 전달과 의사 결정이 신속하게 진행되지 못하게 방해했다. 즉 적들이 사소한 것에 집중하게 해 중요한 사안에 대한 진행을 최대한 늦추고자 한 것이다.

공작원들의 전략은 용어 사용의 부적절함을 지적하는 사소한 것부터 조직과 무관한 이슈에 집중하게 하는 등 다양한 방식으로 나타났다. 모든 업무 영역에서 정말 집중해야 할 중요한 것을 실행하지 못하게 훼방을 놓은 것이다.

조직을 운영하는 중요한 원리 중 하나는 선택과 집중이

다. 경영의 주제는 결국 한정적인 시간과 자원을 어디에 집중해 사용할 것인가에 대한 고민이기 때문이다. 공작원들은 사소한 것에 눈을 돌려 주의를 분산시키고, 무엇이 정말 중요한 것인지 볼 수 없게 만든다. 많은 조직이 이런 공작원들의 공격에 맥없이 무너졌다. 무엇이 집중해야 할 핵심 역량인지, 무엇이 쳐내야 할 가지인지 판단이 흐려진 기업들은 외형적 변화에만 신경을 쓰다가 역풍을 맞았다. 100년 기업을 자부하던 일본의 종합 가전회사 산요^{SANYO}가 그렇고, 미국 제조업의 상징이었던 GE$^{General\ Electric}$도 마찬가지였다. 그렇다면 어떻게 이런 공작원들의 방해를 저지할 수 있을까?

첫째, 사소한 것은 무시한다.

중요성이 떨어지는 이슈 처리, 보고서의 잘못된 폰트의 사용, 회의 진행 시작의 언행 실수, 발표 장표의 색상 등 본질과 핵심 사안이 아니라면 무시하는 것이다. 스탠퍼드대학 공과대학$^{Stanford\ University\ Engineering\ School}$의 경영과학 교수 로버트 서턴$^{Robert\ I.\ Sutton}$은 "창조적 무능을 활용하라"고 조언

한다. 사소한 업무에는 무능한 것처럼 보여 대충 넘기라는 것이다. 그래야만 가치 있는 일에 집중할 수 있다는 것이다. 회의에 사용되는 용어부터 매출 증가 전략에 이르기까지, 즉 사소한 것부터 큰 것까지 꼼꼼하게 챙기며 모든 주제에 중요성을 부여한다면, 결국 중요한 핵심을 놓치게 되고 공작원의 전략에 넘어가게 된다.

미국의 베스트셀러 작가이자 심리학자인 리처드 칼슨Richard Carlson은 이런 말을 했다.

"기업들은 성공하려면 두 가지만 명심하면 된다. 첫째, 사소한 것에 목숨 걸지 않는다. 둘째, 그건 그저 사소한 것일 뿐이다."

중요도가 떨어지는 일은 그대로 두어야 한다. 중요한 과제에 집중하는 지혜가 필요한 것이다.

둘째, 선택과 집중 전략을 사용하라.

사소한 것을 무시하기로 결정했으면 다음은 중요한 사안에 대해 집중하는 전략이 필요하다. 선택과 집중을 하기 위한 전략은 아주 간단하다. 바로 자원 배분의 우선순위를 정하는 것이다.

지금까지 쇠락의 길을 걸은 기업들 중 열심히 하지 않아서 망한 기업은 없다. 매출이 하락하면 기업들은 더 열심히, 더 많이 일한다. 노키아^{Nokia Corporation}의 사례에서 알 수 있듯이 기업의 위기 때 직원들은 더욱 열심히 업무에 몰두하지만 결국 몰락을 막을 길은 없었다. 이는 성과를 결정하는 우선순위의 판단이 잘못 되었기 때문이다.

두 차례 오스카상을 거머쥔 픽사^{Pixar}의 브래드 버드^{Brad Bird} 감독은 한 인터뷰에서 이런 말을 했다.

"완벽하게 찍어야 하는 장면도 있지만 훌륭한 수준에서 찍어야 하는 장면도 있다. 때에 따라서는 환상을 깨지 않을 정도의 수준으로만 찍어도 되는 장면도 있다."

그는 실제로 비행접시를 찍을 때 파이접시를 날려서 찍은 적도 있다고 한다. 그 대신 남은 자원과 시간을 보다 창의적으로 접근해야 하는 본질적인 장면 구성에 할애했다.

우선순위를 정하기 위해서는 다음과 같은 생각을 버려야 한다. '그 일을 꼭 해야만 한다', '모든 것이 다 중요하다', '모두 다 해낼 수 있다'. 즉 모든 것을 완벽하게 수행하려는 생각을 버리고 비본질적인 것을 버리는 훈련을 해야 한다는 것이다.

전설적인 투자가이자 버크셔 해서웨이^{Berkshire Hathaway Inc.}의 회장인 워런 버핏^{Warren Edward Buffett}은 경영 성공의 비결에 대해 이렇게 말했다.

"중요한 것에 집중하고 사소한 것에 관심을 끄는 것이다."

불필요한 가지를 쳐내고 핵심에 집중해 열매를 맺는 지혜가 필요하다는 것이다.

조직의 공작원들은 오늘도 사소한 것에 중점을 두고 주위를 분산시키며, 결국 본질적인 핵심 사안을 보지 못하게 방해하고 있다. 성공한 조직들은 사소한 것을 무시하고 본질에 집중하기 위해 부단히 노력해온 조직이다.

스티브 잡스는 애플에 복귀하자마자 '무엇을 하지 않을 것인가'에 대한 결단을 가장 먼저 고민했고, 알리바바의 마윈 또한 '중요한 것을 위해 무엇을 무시하면 되는가'를 항상

유념했다. 하버드 경영대학원 교수 마이클 포터[Michael Porter]는 전략의 본질에 대해 다음과 같이 정의했다. "무엇을 하지 않을 것인지 선택하는 일."

　사소한 것을 무시하는 것이 결국 가장 큰 전략일 수 있음을 명심해야 할 것이다.

6

성과를 높이는
프로젝트를 추진하라

조직관리
노하우

이미 결정된 사항과 결과의 타당성에 대해
의문을 제기하는 것은 공작원의 또 다른 전
략이다. 이는 특히 프로젝트가 한창 진행 중
인 상황에서 많이 볼 수 있다. 공작원들은 결과의 실효성을 끊임없이 의심하여 업무 추진을 방해한다. 이미 결정된 사항을 다시 문제 삼아 업무 추진을 방해하고 결국 그것을 무너뜨리고 만다.

미국 연방 공항청의 프로젝트 사례를 예로 들어 보자.

2007년 미국 연방 항공국^{FAA, Federal Aviation Administration}은 넥스트젠^{NextGen} 프로젝트를 진행했다. 넥스트젠 프로젝트 는 기존의 국가 영공시스템^{NAS, National Airspace System}을 위성 기 반의 새로운 항공교통 시스템으로 현대화하고 효율을 개선 할 수 있는 중요한 사안의 프로젝트였다.

FAA는 프로젝트 성공을 위해 공을 들였다. 프로젝트 기한에 맞게 고도의 항공기 위치 추적용 관제탑을 구축했 고, 수십억 달러의 예산이 편성했다. 하지만 이 프로젝트는 결국 미궁에 빠지게 된다. FAA가 구축한 지상 관제탑이 의 도한 목적을 달성하기 위해서는 민간 항공사들의 비행기를 최신 기술로 업데이트하는 막대한 투자가 선행되어야 했기 때문이다. 조직의 공작원들은 새로운 항공교통 시스템에 대한 실효성을 의심하게 했고, 프로젝트가 가져올 결과에 대해 의심을 품게 했다. 결국 항공사들은 이 프로젝트를 외면하게 된다.

FAA의 사례처럼 수많은 프로젝트들이 훌륭한 비전과 성과를 약속하며 시작하지만, 본격적으로 작업이 착수되고 결과물을 도출하는 과정에 도달하면 금세 추진력을 잃고 나가떨어지는 사례는 무수히 많다. 그리고 그 중심에는 실효성에 대한 의문과 의심이 자리잡고 있다.

공작원들은 조직에서 업무를 추진하거나 프로젝트를 진행하려 할 때 끊임없이 결과의 실효성을 의심하게 선동하고, 소문을 퍼트린다. 이런 의심이 조직원들 사이에 퍼져나가게 되면 결국 그 업무나 프로젝트는 실패로 끝날 확률이 높아진다. 이슈를 찾고 해결책을 모색하는 것보다 평판이 나쁜 프로젝트에 엮이지 않는 것이 더 편하기 때문이다. 한번 신뢰를 잃은 프로젝트는 손쉽게 인력을 잃게 되고 협력자와 이해관계자의 지원은 감소하며 결과적으로 프로젝트 결과물의 수준은 떨어지게 된다.

그렇다면 어떻게 공작원들의 방해를 극복할 수 있을까?

첫째, 프로젝트 기간을 짧게 잡고, 단계적으로 나눠야 한다.

프로젝트 기간이 짧아지면 프로젝트의 평판과 결과에 의심이 드리워지기 전에 끝낼 수 있다. 프로젝트는 추진력을 얻고 순조롭게 진행되어 목표한 결과를 낼 수 있는 것이다. 장기 프로젝트는 공작원의 타깃이 될 뿐 아니라, 조직원들의 관심을 잃거나 우선순위에서 밀릴 가능성이 커진다. 따라서 프로젝트 수행 기간은 6개월 미만으로 잡고, 장기 프로젝트의 경우 단계를 나눠 각 프로젝트별 목표와 측정 가능한 지표를 부여하는 것이 중요하다.

인류를 달에 보내기 위한 NASA의 아폴로 프로젝트를 살펴보자. 1963년에 시작해 1969년까지 진행된 이 거대한 프로젝트의 핵심은 분절된 단위의 프로젝트 설계에 있었다. 이들은 각개의 짧은 프로젝트가 모여 거대한 프로젝트가 달성되는 방식으로 프로젝트를 진행했다.

각 프로젝트 단계에는 명확한 목표와 산출물이 있었다.

예를 들면 프로젝트 1단계에서는 아폴로 7호를 통해 사령선과 기계선의 성능을 확인했다. 2달 후 프로젝트 2단계에서는 아폴로 8호를 통해 달 궤도에서 통신, 생명유지 장치를 비롯한 아폴로 명령체계를 시험했다. 5개월 뒤 3단계에서는 아폴로 9호를 통해 사람 탑승과 착륙선 제작을 시험했다.

이런 방식의 프로젝트 설계는 공작원의 방해를 막는 좋은 해결책이 된다. 짧게 정해진 기한 내에 확실한 결과물을 보여 주고 작은 성공을 지속적으로 누적시켜 결국 거대 프로젝트의 성공으로 연결시킬 수 있기 때문이다,

둘째, 위험을 예측해야 한다.

가치가 높은 프로젝트라 할지라도 리스크가 있거나 이를 파악하기 전에 프로젝트에 돌입하는 것은 상당히 위험하다. 이는 공작원들에게 공격의 빌미를 제공하고 프로젝트의 추진에 대한 의심을 유발한다. 성공한 프로젝트의 공통점은 완벽한 프로젝트를 설계하고 진행된다는 점이다. 프로젝트를 정의하고 최선의 실행을 계획하고, 이해관계자

들의 서포트와 리스크 관리를 기획한다.

　FAA 사례의 경우 프로젝트의 기한을 앞당기고자 이해관계자들의 제한된 의견을 바탕으로 신규 비행경로가 디자인됐다. 항공사들은 새로 도입된 경로에서 부가가치를 느낄 수 없었고, 신규 시스템을 활용하지 않았다. 프로젝트를 성공으로 이끌기 위해서는 이해관계자들의 니즈를 충분히 고려하고, 잠재적 리스크를 측정하고 잠재적 위협 요인을 분석해 이에 따른 컨틴전시 플랜^{Contingency plan}을 세워야 한다.

　셋째, 커뮤니케이션을 관리해야 한다.

　프로젝트 진행에 있어 프로젝트 팀원과 이해관계자 사이의 커뮤니케이션은 매우 중요하다. 여기에 문제가 생길 경우 공작원들은 프로젝트의 타당성에 대해 의문을 던지고 공격하려 들 것이다. 소통이 단절되면 그 자리는 공작원이 차지하게 된다. 리듬이 끊기지 않게 매주 정기적으로 소통해 정보를 업데이트하고 프로젝트의 진행 상황과 메시지를 관리해야 한다.

프로젝트 커뮤니케이션의 핵심은 이해 당사자들이 놀라지 않게 하는 것이다. 프로젝트가 진행되면서 생기는 이슈들을 한번에 터트리거나, 갑작스럽게 알리게 되면 불신을 조장하고 의심을 사게 된다. 안전이 위협받을 정도로 제품 설계에 문제가 있지만, 프로젝트가 순조롭게 진행되고 있다고 보고를 한다면, 이 사실을 알게 된 협력자들은 팀을 빠져나가기 시작할 것이다.

조직의 공작원들은 무슨 수를 쓰더라도 업무를 방해하고 중요한 프로젝트를 좌절시키려 한다. 그들은 결과의 타당성을 의심하고 의문을 제기한다. 하지만 프로젝트의 구조적인 설계, 철저한 리스크 관리와 명확한 커뮤니케이션이 이루어진다면 잡음을 잠식시키고 성과를 낼 수 있을 것이다.

2장

관리자의 사보타주와
대응 매뉴얼

조직의 불만을
잘 관리하라

| 관리자의 사보타주 |

"Misunderstand" orders. Ask endless questions or engage in long correspondence about such orders. Quibble over them when you can."

지시를 잘못 이해하라. 지시에 대해 끊임없이 질문하거나 긴 서신으로 받으라. 할 수 있으면 투덜거려라.

대응
매뉴얼

공작원들은 불평을 터트림으로써 조직을 공격한다. 그리고 그 공격은 커피 자판기의 메뉴부터 상사의 무능함과 태도, 업무 프로세스, 회사의 비전, 철학, 방향성까지 다양하고 광범위하다.

불평, 불만이 쌓이고 지속되면 그것은 하나의 조직 문화가 되고 결국 조직의 생산성뿐만 아니라 대내외적인 이미지까지 손상을 끼친다.

고객의 작은 불만에 대응하지 못해 심각한 위기를 맞는 기업의 사례는 무수히 많다. 조직 내에서도 마찬가지다. 내부 고객인 직원들의 불평, 불만을 관리하지 못한다면, 그 조직은 내부 갈등과 대립으로 와해되고 말 것이다. 따라서 조직원들의 부정적 감정을 잘 관리하는 것은 생산성을 높이기 위한 조직의 중요한 임무 중 하나다.

그렇다면 어떻게 불평을 관리할 수 있을까?

첫째, 불만을 제안으로 승화시켜라.

조직에서 개인의 생각과 의견을 털어놓는 것은 쉬운 일이 아니다. 그 결과가 어떻게 돌아올지 모르고, 대부분 좋지 않은 결과가 돌아온다는 것을 경험적으로 체험했을 수도 있다. 하지만, 조직원들이 불만에 대해 해소할 창구가 없다면 이는 쌓이고 쌓이다 결국 터지게 된다. 불만은 무서운 속도로 전파되고 조직에 대한 걷잡을 수 없는 소문과 이로 인한 사기 저하로 생산성은 바닥을 치게 될 것이다.

따라서 이를 해소할 수 있는 제안 시스템을 조직에 도입하는 것이 큰 도움이 된다. 조직원의 시각이나 판단과 다르게 돌아가는 것에 대한 불만을 주체적인 의욕과 열정으로 바꿀 수 있기 때문이다. 실제로 이 같은 제안제도를 통해 조직은 이전에 생각하지 못한 더 나은 시스템과 프로세스를 구축할 수도 있다.

페이스북의 성공 비결 중 하나는 핵카톤Hackaton이라고 부르는 전사적인 제안 제도에 있었다. 실제로 페이스북의 주요기능인 '새 소식 전하기'News Feed 기능이나 '사용자 직접 통역' 프로그램 등 많은 서비스가 이 제안제도에서 나왔다. 회사의 전략이나 지시, 방침에 불만을 터트리기보다는 자신들이 직접 아이디어를 내고 이를 실행해 불만의 요소를 제거하는 것이다.

둘째, 부정적인 불만은 싹을 잘라라.

불만은 위의 사례처럼 긍정적인 요소만 존재하지 않는다. 조직원에 대한 험담이나, 심각한 갈등을 유발시키는 부정적인 불만도 있다. 이럴 때는 더 이상 조직에 불만이 퍼지지 못하게 강한 제재를 가하는 것이 필요하다. 그 불만은 전 조직을 불만으로 감염시키며, 생산성을 저하시키기 때문이다.

미국의 과학 저널리스트이자 《감성 지능》Emotional Intelligence의 저자인 다니엘 골맨Daniel Goleman은 "인간은 자신의 감정적인 상태를 다른 사람과 나누고자 하는 본성을 지니고 있다."라며 감정의 전염에 대해 언급했다.

이와 더불어 시카고 대학교the University of Chicago의 존 T. 카시오포John Cacioppo 교수는 실험을 통해 긍정적인 감정보다 부정적인 감정이 더욱 전염성이 높다는 것을 밝혀냈다. 불안, 슬픔, 불만 등의 부정적 감정은 즐거움 등의 긍정적인 감정보다 인간의 생존본능에 직접적으로 연결되어 있기 때문에 주위 사람들도 자신의 생존 위협을 감지하며 부정적 감정에 더 민감하게 반응한다는 것이다. 즉 조직에 불만이 생기면 그 불만은 조직 전체로 손쉽게 퍼진다는 것이다. 따라서 이를 초기에 관리해 조직을 바로 잡는 것이 중요하다.

조직 심리학자로 유명한 스탠퍼드 대학 공과 대학Stanford

University Engineering School의 로버트 서튼Robert Sutton 교수는 아무리 유능하더라도 회사에 대한 불평이 많고 상대를 존중할 줄 모르는 직원이 있다면 조직에 해를 끼치기 때문에 해고하는 편이 낫다고 주장한다. 실제로 그는 연구를 통해 뛰어난 영업 역량을 가졌지만 조직의 분위기를 망치는 직원을 해고한 뒤 그 매장의 총 판매액이 30%나 증가했다고 밝혔다.

셋째, 조직의 비전을 제시하라.

조직의 관리자가 착각하는 부분 중 하나는 '월급을 더 주면 불평, 불만이 없어질 텐데'라고 생각하는 것이다. 하지만 이는 잘못된 생각이다. 취업 포털 파인드올은 중소기업 직장인 1,421명을 대상으로 회사에 대한 불만 사항을 조사했다. 그 결과 가장 큰 불만은 '회사의 장기적인 비전의 부재'로 나타났다. 낮은 임금과 복지 수준은 그 다음이었다.

비영리 단체는 다른 조직에 비해 상대적으로 근무 환경과 임금이 열악한 편이다. 하지만. 조직이 지향하는 비전에 열정을 보이며 성실히 업무를 수행하는 조직 구성원들이 많다. 관리자의 역할은 조직 구성원들에게 꿈과 희망을 제시하고, 이를 실현하기 위해 노력하고 조직원들을 설득시키는 것이다. 이를 통해 구성원들의 열정과 자발적 헌신을 불러와야 한다.

2차 세계대전 당시 독일의 그림자가 유럽 전체를 뒤덮고 희망이 없어 보이던 시기, 윈스턴 처칠은 "우리는 결코 굴복하지 않을 것입니다."We shall never surrender 라고 선언했다. 처칠의 진심 어린 호소는 영국 시민뿐 아니라 독일군과 맞서는 연합군과 레지스탕스들을 움직이는 강한 원동력이 됐다.

기업에서도 마찬가지다. 마음을 움직이는 조직의 비전은 조직 구성원들의 불만을 해소시키고 열정을 불러일으킨다.

미국 전략정보국 OSS는 조직원의 불만이 조직을 무너뜨리는 치명적인 무기임을 인지하고 있었다. 이는 훗날 글로벌 컨설팅 회사인 맥킨지 앤 컴퍼니McKinsey & Company의 조사에서도 결과로 밝혀졌다. 조직의 건강을 위협할 수 있는 조직원의 유형을 분석한 결과 '평소에 불평, 불만이 많은 직원'이 1위로 나타났기 때문이다. 조직에서 불만을 관리하는 것은 중요하다. 작은 불만이 조직의 건강과 생존에 심각한 영향을 초래할 수 있기 때문이다.

2

효율적인 커뮤니케이션은
기술이 아니라 태도이다

"Do everything possible to delay the delivery of orders. Even though parts of an order may be ready beforehand, don't deliver it until it is completely ready."

명령 전달은 무슨 수를 써서라도 지연시켜라. 지시의 일부가 사전에 준비된다 해도, 모두 준비되기 전까지는 전달하지 마라.

대응
매뉴얼

잘 나가던 기업이 갑자기 위기에 봉착할 때가 있다. 탁월한 성과를 내던 직원이 갑작스럽게 좌초되곤 한다. 그 원인을 천천히 들여

다보면 여지없이 커뮤니케이션에 문제가 있었음을 알 수 있다. 내부 인재들의 경험과 지식이 원활하게 소통하지 못했거나, 대외적으로 고객과의 진정한 소통에 실패한 때문이다.

미주리대학교University of Missouri의 연구팀은 조직의 커뮤니케이션을 연구하며 이런 결과를 발표했다. "70%의 업무는 커뮤니케이션의 형태로 이루어지고, 70%의 시간을 커뮤니케이션에 사용하고, 직무 수행 문제의 70%가 커뮤니케이션의 장애로 일어난다." 즉 커뮤니케이션이 업무 수행에 있어 가장 중요한 요소라는 것이다.

조직에서 커뮤니케이션의 중요성을 인지한 OSS 미국전략정보국은 커뮤니케이션 혼선을 공작원들의 임무로 삼았다. 위, 아래로 명령이 전달되지 못하게 방해하고 최대한 지연시키는 것이다. 조직이 원하는 방향이 잘 전달되고 조직원들이 무엇을 원하는지, 무슨 생각을 하는지 알고 있어야 조직원들의 화합이 일어나고 추구하는 목표가 선명하게 드러나 결국 생산성 향상으로 연결되기 때문이다.

그렇다면 생산성으로 연결되는 효율적인 커뮤니케이션 방법에는 무엇이 있을까?

첫째, 피드백을 주는 것이다.

공작원들이 커뮤니케이션을 방해하는 방법은 업무에 관한 피드백을 받지 못하게 하는 것이다. 의견을 내놓아도 무반응으로 대응하고, 중요한 사안에 대해서도 피드백을 주지 않아 생산성을 떨어뜨리는 전략이다. 외국 기업과는 다르게 국내 조직은 커뮤니케이션에 있어 올바른 피드백이 잘 일어나지 않는다. 이는 조화를 추구하는 동양 문화권 조직의 특성이기도 하고 위계질서를 내세우는 조직 문화의 특성이기도 하다. 이런 요소들은 사내 커뮤니케이션을 top-down 방식으로 흐르게 한다. 이는 결국 상하 계층 간의 피드백이 막혀 아이디어와 정보가 소통되지 않고 사장되고 장기적으로 사일로^{Silo} 현상을 초래한다.

피드백은 현재 상황을 인지하고 제대로 전달하는 것이다. 이를 통해 조직원은 자신의 행동을 돌아보고 행동 계획을 세우게 된다. 따라서 많은 기업들이 피드백을 통한 소통을 중요한 경영의 화두로 삼고 있다. 넷플릭스^{Netflix}는 강도 높은 360도 피드백 시스템을 가지고 있고, 세계 1위 헤지펀드 브리지워터 어소시에이츠$^{Bridgewater\ Associates}$는 조직원들이 CEO에게 날카로운 피드백을 던진다.

피드백이 활성화되면 단순 업무 지시와 결과 검토에서 벗어나 업무 수행 과정을 통한 역량 및 성과 향상이 일어나고 더욱 명확한 결과물을 통해 조직의 생산성은 올라간다. 조직원의 성장과 소통의 어려움은 조직의 생산성 하락과 직결된다. 조직원을 성장시키고 상사와 부하 사이의 커뮤니케이션을 원활하게 하는 방법이 바로 피드백인 것이다.

둘째, 커뮤니케이션을 할 때는 진심을 가지고 한다.

진심 어린 커뮤니케이션은 상대방의 마음을 열게 해 원활한 소통을 가능케 한다. 공작원이 아무리 조직원 간의 커뮤니케이션을 방해하고 단절시키려 해도 진심이 담긴 커뮤니케이션은 이런 공작 활동을 무력화할 좋은 무기가 된다. 진심은 콘텐츠나 메시지가 아닌 비언어적인 요소로 나타나기 때문이다.

많은 조직에서 착각하는 것 중 하나는 커뮤니케이션이 기술이라는 것이다. 그러나 본질적인 차원에서 커뮤니케이션이란 결국 기술이 아니라 태도일 수밖에 없다. 말하는 사람의 태도가 중요하다는 것이다. 커뮤니케이션의 70%는 비언어 영역이다. 전달되는 콘텐츠는 언어뿐 아니라 감정, 표정, 몸짓과 행동에서 드러나게 된다.

뉴욕타임스 등 미국의 주요 언론들은 일명 '51초의 침묵'으로 불리는 2011년 버락 오바마 대통령의 애리조나 총기 난사 희생자 추모 연설을 최고의 명연설로 손꼽았다. 오바마 대통령은 당시 사건으로 숨진 9세 소녀 크리스티나를 추모하며 "우리는 우리 아이들의 기대에 부응하는 나라를 만들기 위해 최선을 다해야 한다."고 말한 뒤 무려 51초 동안 연설을 중단했다.

그런데 바로 이 예상치 못한 침묵이 전 국민의 가슴에 진한 감동을 아로새기며 정파를 초월한 지지를 이끌어냈다. 커뮤니케이션 전문가들은 오바마 대통령이 침묵 속에 청중과 의사소통을 계속했다고 결론을 내린다. 어떠한 대단한 연설에서도 느낄 수 없던 진심이 드러났던 것이다,

전 GE 회장인 잭 웰치[Jack Welch]는 "경영은 소통, 소통, 또 소통"이라고 말했다. 조직원은 혼자 일하는 프리랜서가 아니다. 함께 소통하고 공유해서 조직의 목표를 함께 달성하는 것이다. 올바른 피드백과 진정성 있는 커뮤니케이션을 통해 조직원들은 서로의 생각과 감정을 교감하고, 지식과 정보 등을 원활하게 주고받는 협력적 조직 문화를 구축해 나갈 수 있을 것이다.

3

평가는
공정하게 하라

대응 매뉴얼

평가는 조직 구성원에게 중요한 의미를 지닌다. 1년간 조직과 팀에 자신이 얼마나 기여했고, 이를 조직이 얼마나 인정해주는가를 가늠하는 공식적 결과이기 때문이다. 동시에 평가 결과는 급여 인상, 승진, 교육기회 등의 중요한 근거가 된다. 이렇듯 평가는 관리의 기능 중 가장 중요한 요소 중 하나이기에 공정한 평가가 이루어지지 않을 경우 조직원들의 사기 하락과 생산성 저하로 이어진다.

미국의 심리학자 존 스테이시 애덤스^{John Stacy Adams}의 공정성 이론에 따르면 조직원들은 자신이 직무를 위해 투입한 것과 이에 따라 얻은 결과를 타인의 것과 비교하는 성향이 있어, 만일 결과가 공정하지 못하다고 생각되면 이들은 조직에 항의하기 위해 결근을 하거나 자발적 이직을 감행한다고 한다. 물론 조직은 이로 인해 생산성을 잃게 된다. 따라서 공작원들은 무능한 조직원을 승진시키고, 유능한 조직원을 하대하는 등 불공정한 평가와 대우를 통해 조직을 와해시키고자 했다. 그렇다면 어떻게 해야 공정한 평가를 진행할 수 있을까?

첫째, 성과와 행동을 모두 평가하라.

조직 운영에서 중요한 것은 성과 창출이다. 성과를 내지 못하는 조직은 살아남을 수 없기 때문이다. 따라서 성과와 관련된 평가지표, 즉 판매량, 비용, 순이익, 생산량 등 정량적인 지표가 평가에 사용된다. 성과는 기업의 생존과 직결된 문제이기에 성과에 초점을 맞춘 평가제도는 타당해 보인다. 하지만 성과 중심의 평가제도는 몇 가지 취약점을 가지고 있다. 성과란 결국 조직원들의 행동에서 오는 최종 산물이다. 즉 그 과정에서 발생할 수 있는 문제 행동에 관한 확인과 수정이 불가능하다. 또한 결과만 중시하는 성과 만능주의 문화가 팽배해지고, 과잉 경쟁과 비윤리적 행동, 부서 이기주의가 나타날 수 있다. 따라서 이런 문제를 해결하기 위해 행동과 성과를 모두 평가지표로 삼는 것이 중요하다.

중국 최대 전자상거래 기업 알리바바^{Alibaba}는 기업의 핵심 가치와 행동지표를 구체적으로 기술해 정량화로 전환하는 시도를 했다. 예를 들면 고객 만족 항목의 평가지표는 기업의 이미지를 보호하며 서비스를 제공하면 1점, 고객의 요구 사항보다 앞서 자발적인 서비스를 제공하면 5점……, 이런 방식으로 구성됐다. 알리바바는 이런 방식으로 성과와 행동을 모두 평가함으로써 공정한 평가시스템 구축과 더불어 고객 만족도를 향상시킬 수 있었다.

둘째, 절대평가 요소를 도입하라.

인사 평가에는 보통 상대평가 제도가 사용된다. 이 방식은 직원들의 직무 수행이 정상 분포를 이룬다는 가정 아래 이 분포를 5~7개의 범주로 나누어 직원들을 이 범주 중 하나에 끼워 넣는 방식이다.

상대평가 제도의 특징은 각 범주에 정해진 비율의 인원을 강제로 할당한다는 것이다. 상대평가를 하게 될 경우 소수의 인원만 우수 집단으로 평가되고 나머지 대부분은 우수하지 않은 집단으로 분류된다. 치열한 선발 과정을 뚫고 입사한 유능한 인재들이 상대평가 제도를 통해 루저 서클로 분류되는 것이다.

그러나 이렇게 분류된 평가자들의 실제 역량 편차는 그다지 크지 않다는 것이 문제다. 성과는 우수하지만, 우수

등급에 들지 못한 조직원의 입장에서는 차별적인 제도로 받아들일 수 있다. 따라서 상대평가 제도에는 불만족이나 공정성에 대한 이슈 제기가 남과의 비교에서 두드러지게 나타난다.

절대평가의 장점을 알고 있는 글로벌 기업들은 경영 환경에 대응하기 위해 상대평가에서 절대평가로 전환하기 시작했다.

Stack-Ranking 시스템(상대평가를 통해 조직원의 서열을 매기고 하위권을 강제 해고하던 GE의 인사 제도)으로 유명했던 GE는 2015년 상대평가 제도를 폐지하고 절대평가로 전환했다. 상대평가를 통해 하위 10%를 해고하던 기존의 관행을 타파하고 평가의 목적을 차별적 보상에서 역량 개발로 탈바꿈함으로써 성과 관리를 조직원의 개발과 발전을 돕는 것으로 발전시켰다.

마이크로소프트^{Microsoft} 또한 기존의 상대평가 제도가 구성원의 팀워크와 협력, 그리고 성장을 방해한다는 이유로 절대평가로 전환했다.

이처럼 상대평가에서 절대평가로의 전환은 공정한 평

가의 시작이자 조직원 개발의 핵심이라고 할 수 있다.

평가는 조직 구성원이라면 누구에게나 가장 민감한 부분일 수밖에 없다. 이런 민감성 때문에 인사 평가의 주된 화제는 바로 '공정성'이다. 공정한 평가는 인적 자원의 질을 향상시키고, 이를 효과적으로 사용할 수 있게 하며, 이들이 필요한 역량을 개발하고, 어떻게 업적을 쌓아야 하는지에 대한 기초 자료가 된다. 하지만 불공정한 평가는 반대로 조직원의 사기를 저하시키고, 생산성을 저하시키며, 조직원 이탈의 원인이 된다. 성과와 행동을 모두 평가지표로 삼고 상대평가의 개선을 통해 공정한 평가제도가 구축될 수 있도록 노력해야 할 것이다.

4

생산성을
높이는 회의

| 관리자의 사보타주 |

"Hold conferences when there is more critical work to be done."

중요한 일을 처리해야 할 때, 회의를 소집하라.

**대응
매뉴얼**

"잠깐 회의 좀 하지."

직장인이라면 가장 많이 듣는 말 중 하나일 것이다. 특이한 것은 이런 회의 소집은 긴급하고 중요한 사안에 대해 업무를 처리하고 있거나, 업무에 몰입하고 있을 때 많이 생긴다는 것이다.

삼성은 왜 CIA 극비문서를 검토했는가

대한상공회의소가 직장인 1,000명을 대상으로 한 조사 결과, 전체 회의 중 불필요한 회의의 비율이 49%인 것으로 나타났다. 우리나라 기업 각 부서에서 일주일 평균 회의 횟수는 3.7회인데, 이 중 직장인들이 불필요하다고 느낀 회의는 1.8회에 달했다.

취업 포털 〈사람인〉의 설문 조사에서는 직장인 81%가 회의가 업무에 지장을 준다고 답했다. 즉 불필요한 회의가 많고 이 때문에 업무에 악영향을 준다는 것이다.

그럼에도 불구하고 회의는 줄어들지 않는다. 공작원들의 입장에서는 조직의 생산성을 저해시키는 가장 손쉬운 방법이기 때문이다. 불필요하고 생산성 없는 회의를 통해 조직에 타격을 주려는 것이다. 이들은 팀워크를 높인다고 회의를 소집하고, 잘못한 부하를 질책하기 위해 회의를 소집하며, 단순히 정보전달을 하려고 회의를 소집한다. 심지어 다음 회의를 언제 하면 좋을지를 파악하기 위해 회의를 소집하기도 한다. 그렇다면 조직의 생산성을 높이기 위한 효율적인 회의는 어떻게 해야 할까?

첫째, 이슈에 대해 회의를 개최하기 전 한 번 더 회의의 필요성에 대해 생각해 보라.

회의는 만병통치약이 아니다. 공작원들은 발생한 이슈가 큰 것이든 작은 것이든, 긴급성과 중요성, 업무 연관성을 무시한 채 회의를 통해 해결하려고 한다. 이들은 회의가 자신이 가진 업무 수행 방식의 하나로 생각하거나, 자신의 영향력을 확인하는 기회로 생각한다. 결국 그 회의는 목적과 결과가 없는 회의로 이어질 가능성이 크다. 충분한 준비가 없는 회의는 생산성 있는 아이디어가 공유되기보다 토론과 논쟁으로 이어지기 때문이다. 따라서 관리자는 회의를 하기 전에 이슈에 대한 배경과 문제의 성격을 파악한 후 개최 여부를 결정해야 한다.

사실 대부분 회의를 거치지 않고도 해결할 수 있는 문제가 많다. 개인적인 커뮤니케이션을 통해 얼마든지 해결할 수 있는 문제는 회의의 안건으로 가져오지 말아야 한다.

둘째, 관리자들은 회의 진행 전 충분히 준비해야 한다.

삼성은 왜 CIA 극비문서를 검토했는가

생산성 없는 회의의 이유 중 하나는 회의를 개최하는 관리자의 준비 부족 때문이다. 자신의 생각을 정리하지 않거나, 참석자들을 선정하지 않고 모든 조직원과 회의를 시작한다. 회의를 준비하기보다 그때그때 필요에 따라 자리에 앉아 있는 사람들을 참석시키고 회의를 하면서 의제를 정하고 아이디어를 구하는 것이다. 의제와 상관없는 사람들은 회의 내내 의제에 몰입하지 못한다. 자신의 존재를 알리기 위해 주제와 상관없는 엉뚱한 의견을 언급하거나, 의제를 파악하지 못한 상태에서 의견을 개진하기에 오랜 시간이 걸린다.

또한 준비 없는 관리자는 회의 중에 순간순간 떠오르는 의제를 계속 추가한다. 결국 회의는 길어지고 생산성은 낮아질 수밖에 없는 것이다. 이를 개선하기 위해서 관리자는 자신이 회의를 개최하는 목적과 얻고자 하는 결과, 적합한 참석자, 시간, 의제의 수, 참석자의 역할이 충분히 준비된 상태에서 회의를 개최해야 한다.

셋째, 시간을 관리한다.

생산성 높은 회의를 위해서는 회의 시간을 철저하게 관리하고 지키는 것이 중요하다. 정해진 시간에 시작하고 정해진 시간에 마치는 것이다. 설령 결론이 다소 미흡하더라도 시간을 철저히 지킨다. 이런 회의 문화를 정착시키면 성공적인 회의를 위해 더욱 철저히 준비하는 습관이 생기게 되고 회의 참석자들도 업무 진행에 대한 부담감이 줄어든다.

이를 위해 의제에 따른 시간 구성을 잘하는 것도 중요하다. 시작하자마자 어려운 의제를 다루면 참석자들은 힘들어한다. 반대로 회의 종료 시간이 다가오는데 중요한 의제를 다룬다면 회의 시간이 길어져 충분한 토의를 할 수 없게 된다.

좋은 회의는 좋은 결과물을 가져오고 팀워크를 향상시키며, 팀의 시너지를 강화한다. 하지만 무분별하고 준비 없는 회의는 상호 간에 부정적인 영향을 끼치며 가장 비효율적인 방식의 업무로 전락하고 만다. 조직을 공격하는 좋은 공작원의 도구로 사용될 수 있다는 것이다. 회의를 관리해

조직의 생산성을 높일 수 있도록 관리자의 노력이 필요한

까닭이다.

5

프로세스의 효율화는
경쟁력을 높이는 길이다

| 관리자의 사보타주 |

"Multiply paper work in plausible ways. Start duplicate files."

그럴듯한 방법으로 문서작업을 늘려라. 중복된 파일을 만들어라.

대응 매뉴얼

조직에서 중요한 경쟁요소는 인적 자원, 기술, 제품 그리고 프로세스이다. 많은 사람들이 인적 자원의 성과를 관리하고, 작업 품질을 관리해 양질의 제품을 만들고, 기술을 개발해 생산성을 높이는 것에 대한 중요성을 잘 알고 있다. 따라서 제품과 기술의 경쟁력을 알고 이를 발전시키기 위해 노력한다.

하지만 프로세스에 대한 부분을 살펴보면 조직원들의 관심이 현저히 적어지고 심지어 이 자체가 경쟁 우위 요소라는 것을 간과하고 있음을 알 수 있다. 기업의 특정 업무 방식 자체가 경쟁사와 차별화된 경쟁력이라는 것을 잊어버리는 것이다.

리엔지니어링 이론을 제창한 마이클 해머^{Michael Hammer}는 "기업의 성공은 제품 그 자체가 아니라 프로세스다. 프로세스가 경쟁의 승리자를 만들며, 승리자가 좋은 제품을 만든다."라고 말했다. 프로세스가 잘 구축되어 있다는 것은 동일한 수준의 결과를 기대할 수 있다는 말이다. 잘 정비된 프로세스를 통해 제품의 품질과 정확한 납기를 보장받을 수 있기 때문이다.

자원의 투입에 따라 일정한 결과물이 보장된다는 것은 그 조직이 안정되어 있다는 것이고, 지속적인 성장이 가능하다는 것을 의미한다. 반면 프로세스의 비효율이 일어나면 표준화된 절차가 없어 불필요한 업무와 중복된 업무가 발생한다. 제품이나 서비스의 수준이 상황에 따라 달라지기도 한다.

따라서 공작원이 노리는 것은 궁극적으로 프로세스의 비효율이다. 프로세스를 망가트리면 그 조직은 효율성과 생산성을 동시에 잃게 되기 때문이다.

프로세스를 효율화해서 공작원의 방해를 피할 수 있는 방법은 프로세스를 분석하고 통합해 표준화하는 것이다. 프로세스 통합은 전사의 각 프로세스에 대한 기준을 정하고, 이 프로세스에 맞추어 모든 프로세스를 단일하게 일치시키는 것이다.

이를 위해 먼저 각 사업부별로 각기 다른 업무 프로세스에 대해 분석하고, 어떤 것을 기준으로 삼을지 결정해야 한다. 사업부별로 다른 프로세스 중 비슷한 프로세스는 통합하고, 통합된 몇 개의 프로세스는 표준 프로세스로 지정해서 관리한다. 다시 말해 기업 전반에 흩어져 있는 각 프로세스에 대해 체계를 만들고, 이를 기초로 프로세스들을 관리하는 것이다.

글로벌 게이트웨이 업체로 성장한 벤처 1세대 휴맥스 HUMAX의 사례를 들어 보자. 휴맥스는 1997년 142억 원에 불과했던 매출이 불과 몇 년 사이인 2001년에는 3,151억 원이 될 정도로 가파르게 성장했다.

하지만 급격히 성장한 몸집에 비해 내부 운영은 사업 초창기 수준을 넘지 못했다. 공장은 생산 불량 발생, 자재 결함, 생산 계획 변경 등 다양한 이유로 수시로 가동을 멈췄다. 자재 발주가 잘못되고 재고는 넘쳐났다. 생산 계획은 계속 변경되는데도 업무 진행 상황은 물론이고 누가 무슨 일을 하는지, 납기일은 지켜지고 있는지에 대한 파악조차 어려웠다. 급성장한 회사의 규모에 걸맞게 내부 프로세스를 체계화하지 못했던 까닭이다.

휴맥스는 이를 개선하기 위해 일하는 방식을 효율적으로 바꾸는 프로세스 혁신이 필요하다는 결론을 내렸다. 이에 따라 프로세스를 명확하게 규정하고 정형화하는 작업에 착수했다.

기존에도 프로세스는 존재했다. 하지만 전사적으로 통일된 프로세스는 없었다. 각 사업부별로 개발자들의 성향에 따라 다르게 업무가 진행됐다. 따라서 각 프로세스별 역할과 책임이 명확하지 않아 부서 간 업무 떠넘기기가 만연했고, 품질 관리 기능도 턱없이 떨어졌다.

이를 타파하기 위해 휴맥스는 각 부서의 현업 담당자들과 인터뷰를 진행했고, 이를 토대로 공통분모를 추출하여 정형화된 프로세스를 만들어 갔다. 중구난방으로 진행되던 업무를 하나로 통일해 모든 개발자가 공통된 프로세스에 따라 움직일 수 있게 하려는 조치였다.

이 과정에서 휴맥스는 제품 개발 프로세스를 3단계로 구분하고, 각 단계에 따라 개발자와 테스터의 역할을 정의해 완성 제품에 요구되는 개발 일정, 검사 기준, 개발 방법론 등을 공유하도록 했다. 프로세스를 혁신하자 휴맥스의 성장 곡선은 S자를 그리며 성장해 갔다. 프로세스 관리를 통해 품질, 원가, 시간의 생산성을 높인 덕분이다.

프로세스를 표준화하고 나면 다음은 지속적인 관리가

필요하다. 프로세스가 표준화되어 있다는 것은 프로세스가 구조화되어 한 번의 실행에서 그치는 것이 아니라 연속성을 가지고 반복되어 발생한다는 것을 의미한다. 많은 업무 프로세스에 있어 실제적인 프로세스의 주인이 없는 경우가 대부분이다.

하지만 누군가 주인이 되어 관리하지 않는다면 그 프로세스는 시간이 지나면서 다시 복잡성을 띠게 된다. 다시 말해서 업무 전체를 통괄할 수 있는 책임자인 프로세스 주인이 선정되어야 한다는 것이다.

중요한 것은 프로세스의 오너십을 가진 사람은 단순히 부서에서 부서장의 역할을 하는 것이 아니라는 점이다. 이들은 업무 흐름 전체의 책임과 권한을 가지고 프로세스의 역동을 주시하며 관리해야 한다.

예를 들면 한 고객이 자신이 주문한 제품 발송이 지연되어 판매 부서에 연락을 했다고 가정해 보자. 판매 부서에 연락하면 모든 것이 해결될 것이라는 고객과의 기대와는 달리, 사실 대부분 기업의 판매 부서의 역할은 고객의 주문 접수로 한정되어 있다. 따라서 판매 부서는 고객의 주문 상황을 파악하기 위해 여러 부서와 연락을 취해야 한다. 이때 주문 처리 프로세스에 대한 프로세스 오너가 있으면 이 담당자는 모든 부서들과 커뮤니케이션하여 손쉽게 대응할 수 있다.

또한 프로세스 관리는 프로세스의 비전과 목표를 부여하는 것도 포함된다. 프로세스를 효율적으로 진행하기 위해서는 단순히 표준화하는 데 그치는 것이 아니라, 프로세스 자체에 목표를 부여해 프로세스 자체도 하나의 전략 달성의 도구로 삼아야 한다는 것이다.

조직에서는 흔히 부서의 목표는 세우면서, 프로세스의 목표는 간과한다. 그러나 프로세스에도 전략적인 목표와 비전이 필요하다. 조직의 경영 방향에 부합되게 생산성, 원가 감축, 사이클 타임 등 정량화된 지표를 프로세스의 목표로 부여하면 조직의 생산성 향상은 물론이고 경영 목표를 조기 달성할 수 있는 원동력이 된다.

피터 드러커, 토머스 프리드먼과 함께 '세계 3대 경영 석

학'으로 불리는 토머스 데이븐포트^{Thomas H. Davenport} 미국 밥슨칼리지^{Babson College} 경영대 교수는 이런 말을 했다.

"성공하려면 제조업 위주의 사고방식을 버려야 한다. 제품 혁신에만 얽매이지 말고 프로세스와 비즈니스 모델 같은 경영을 혁신해야 한다."

조직은 이제 불필요, 중복, 형식적인 업무를 제거하는 비주력 업무의 다이어트를 감행해야 한다. 프로세스 혁신을 통해 업무를 간소화하고, 단순화하며 업무 시스템과 문화를 변화시켜 업무의 본질에 집중해야 한다. 또한 지속적인 프로세스 관리를 통해 조직의 전략을 달성할 수 있는 도구로 활용해야 한다. 대단한 기능을 가진 제품을 내놓는 것이 혁신의 전부가 아니다. 효율을 향상시켜 조직의 생산성을 높이는 프로세스 또한 중요한 혁신인 것이다.

6

트렌드와 니즈에 맞춰
업무를 단순화하라

| 관리자의 사보타주 |

"Multiply the procedures and clearances involved in issuing instructions, pay checks, and so on. See that three people have to approve everything where one would do."

지시, 지급과 관련 있는 절차나 순서를 복잡하게 만들어라. 한 사람이 할 수 있는 일을 세 명이 승인하도록 하라.

<table>
<tr><td>대응
매뉴얼</td><td>시간이 흐를수록 조직은 복잡해진다. 기업의 구조와 구성, 경영 방식, 시스템 등 기업들은 점차 비대해지고, 효율성이 떨어지게</td></tr>
</table>

된다. 업무 절차와 프로세스는 복잡해지고 기업들은 복잡한 미로와 같은 조직을 이끌어가기 위해 더 큰 노력을 쏟아야 한다.

무서운 것은 이런 복잡함이 아무도 모르는 사이에 점점 불어난다는 점이다. 복잡성은 조직이 수년간 쌓아온 부산물이다.

복잡성은 조직의 분열, 제품 라인의 증대, 프로세스의 진화처럼 복잡한 문제를 풀어내기 위해 단행한 변화들로부터 기인한다. 조직이 신설되고, 제품 수가 증가하고, 새로운 경영 환경에 따라 프로세스도 진화되며 생겨난 것이다. 이런 모든 것들이 모여 조직을 복잡하게 만들고, 조직은 효율성을 잃게 된다.

공작원들은 복잡성을 지향한다. 조직을 망치게 하기 위함이다. 이들은 복잡성이 조직에 미치는 부정적인 영향을 잘 알고 있고 이를 통해 생산성을 저하시키려 한다.

2001년 모토로라^{Motorola}는 대부분의 마켓 셰어를 차지하고 있던 아날로그 휴대폰과 새롭게 시장에 등장한 디지털 휴대폰을 두고 개발 방향을 고민하고 있었다. 그 사이 모토로라의 OEM^{Original Equipment Manufacturer}(주문자의 의뢰에 따라 주문자의 상표를 부착하여 판매할 상품을 제작하는 업체) 업체였던 노키아^{Nokia}에게 디지털 시장을 빼앗기고 말았다.

뒤늦게 방향 선정의 실패를 인지한 모토로라는 잃어버린 시장을 되찾아 오기 위해 무차별적으로 다양한 신제품들을 시장에 내놓았고, 그 결과 사업 구조가 매우 복잡해졌다.

디자인 플랫폼은 주요 경쟁사들에 비해 두 배로 늘어났고, 제품의 종류도 네 배 이상 많아졌다. 이러다 보니 부품의 표준화나 호환이 안 돼 모델마다 서로 다른 부품을 적용하게 되었고, 부품 종류 역시 천문학적으로 늘어났다.

부품의 종류가 늘어나면서 복잡성은 관리가 불가능한 수준에 이르렀다. 모토로라는 불필요하게 높은 수준의 물류비와 재고비, 부품 소싱^{sourcing} 비용을 지출했고, 고객 서비스의 질도 떨어졌으며, 관리비도 크게 늘어나 복잡성에 의해 몰락한 첫 케이스가 됐다.

그렇다면 어떻게 복잡성을 방지하고 단순화를 통해 조직의 효율을 높일 수 있을까?

첫째, 조직 구조를 최적화하라.

단순화를 위한 첫 단계는 조직을 관리하는 것이다. 사업 확장으로 인해 세포 분열하는 조직을 막기 위해서 사업 전략과 시장의 니즈에 부합하도록 조직을 단순화시키는 것이다.

북미 식품가공 기업인 콘아그라 브랜즈^{Conagra Brands} 사례를 들어 보자. 콘아그라의 CEO 게리 로드킨^{Gary Rodkin}이 부임했을 당시 콘아그라는 그 복잡성이 최고조에 다다른 상태였다. 회사는 100개의 브랜드를 보유하고 있었고, 식품서비스업, 상품거래업 등의 사업 다각화로 140억 달러 규모로 성장한 조직은 침체기에 접어들었다.

내부적으로는 일관된 시스템, 자료, 프로세스가 없어 내부 조직원들은 원활하지 못한 커뮤니케이션과 부서 간의 경쟁으로 지쳐 있었고, 투자자와 분석가는 일관성 없는 경영과 부정확한 수치로 불만이 가득 찼다.

게리 로드킨은 이 복잡함을 해소하기 위한 방법으로 먼저 조직을 변화시키기로 했다. 다수의 독립적인 기능을 가지고 있던 사업부를 하나로 통합 운영하기 위해 조직을 변경했다. 영업, 재무, 인사, 법무 등 지원 기능을 통합했다. 상품거래, 식품서비스, 재료사업부는 상용 부문으로, 식료품, 유제품, 스낵, 냉동식품은 소비 부문으로 통합했다. 각 부분은 자체적으로 손익을 계산하게 했고, 비용 절감과 브랜드 지원에 책임을 넘겨줬다.

콘아그라는 조직 설계를 지속적으로 점검하고 수정해 갔다. 그 과정에서 영업 그룹의 공급망 지원을 담당하는 책임자들이 제조, 엔지니어링, 품질관리 등 사업부의 담당자들과 업무가 단절되는 등 조직의 문제점이 수면 위로 드러났고, 조직 개편을 통해 이런 문제들을 해결해 갔다. 결과적으로 조직은 슬림화됐고, 효율은 증대되었으며 매출은 다시 늘기 시작했다.

둘째, 의사 결정 프로세스를 관리하라.

의사 결정 체계를 복잡하게 하고 판단을 지연시키는 것

은 조직을 망치는 지름길이다. 의사 결정이 시급한 사안임에도 불구하고 이를 검토해야 할 이해관계자 및 절차, 규정 등이 너무 많아 적절한 시기에 대응을 놓쳐버린 사례는 넘쳐난다.

재빠른 시장 진입으로 큰 재미를 본 노키아NOKIA는 모토로라에 이어 복잡성으로 몰락한 또 하나의 사례로 남았다.

모토로라는 자신들의 성공 요소 중 하나를 모든 직원을 아우르는 커뮤니케이션으로 꼽았다. 인트라넷을 통한 전사적 의견 공유를 조직의 핵심 요소로 본 것이다.

노키아는 사업적으로 중요한 변화, 혁신 이슈가 있을 때마다 이를 인트라넷에 올리고, 전 사원의 의견 공유를 거쳐 결정했다. 이는 최소 1개월에서 길게는 5개월까지 유보 기간을 거친 후 최종 의사 결정을 내리는 프로세스였다.

실제로 노키아는 모바일 운영체제인 '심비안'의 스마트폰 버전을 애플보다 일찍 개발해냈음에도, 이를 공개하는 것에 대한 전사 토론 과정을 거치느라 출시가 늦어졌음을 밝히기도 했다.

반면 최근 내수시장에서 종종 현대와 역전극을 벌이며 승승장구하는 기아자동차의 사례를 살펴보자.

이들의 경쟁력은 디자인으로 꼽힌다. 그리고 그 중심에는 기아자동차의 디자인 총괄사장과 최고 디자인책임자 피터 슈라이어Peter Schreyer가 있다. 그는 제네바 모터쇼에 참석해 이런 말을 했다.

"많은 사람들이 나에게 좋은 디자인을 묻습니다. 그러나 내가 하는 일은 디자인이 아닙니다. 나의 가장 중요한 역할은 우리 디자이너들의 디자인이 수많은 이해관계자들의 평가에 휘둘리지 않도록 하는 것입니다."

총 디자인 책임자로 기아자동차에 처음 부임했던 슈라이어는 처음 기획했던 디자인이 생산 책임자, 마케팅 책임자, 영업 책임자의 다른 의견으로 인해 점점 본래의 기획의도를 잃고 다른 일반 자동차들과 다를 바 없는 평범한 디자인으로 퇴보하는 것을 직접 확인했다. 내부의 복잡한 의사 결정 구조를 거치면서 새로운 디자인의 경쟁력을 잃게 된 것이다.

그래서 그는 최종 디자인 확정 회의에 들어오는 참석자

삼성은 왜 CIA 극비문서를 검토했는가

를 제한했다. 사전에 다양한 의견은 취합하되 최종 의사 결정은 꼭 필요한 이해관계자 선에서 진행했다. 슈라이어는 이처럼 빠르고 정확한 의사 결정을 통해 기아자동차의 디자인 정체성을 확립할 수 있었다고 말한다.

알면서도 방치된 복잡성 문제는 결국 조직의 군살로 이어지고, 이는 더 큰 위기를 초래한다. 더 늦기 전에 조직 구성원들과 복잡성의 위험에 대해 공감하고, 이를 지속적으로 확인하려는 노력이 필요하다. 또한 과감한 의사 결정을 통해 복잡성의 덫을 탈출하는 기업만이 치열한 경쟁에서 살아남을 수 있을 것이다.

혁신 기업들은 조직의 곳곳에 있는 복잡성을 제거하고 단순화시켜 공작원의 전략을 무력화시키고 발전, 성장해 왔다. 복잡성 증가를 차단하고 경영의 원칙으로 삼아 지속적인 성장의 계기로 삼아야 할 것이다.

1995년 빌 클린턴 전 미국 대통령은 25년이 넘은 문서 중 역사적 가치가 있는 기밀을 해제하라는 대통령 행정 명령 12958호를 내렸다. 이에 따라 미국 중앙정보국 CIA는 2008년 4월 2일 '단순 공작 필드 매뉴얼'Simple Sabotage Field Manual의 기밀을 해제했고, 이 공작 매뉴얼의 존재가 세상에 드러나게 되었다.

이 매뉴얼의 지침은 얼핏 보면 아무것도 아닌 것처럼 느껴질 정도로 간단하고 짧은 행동요령을 담고 있다. 하지만, 자세히 들여다 보면 미국 전략정보국OSS의 치밀한 스파이 전략과 전술이 집약된 무서운 지침서라는 것을 알 수 있다. 아무런 도구와 기술이 없는 일반인이 적군을 무너뜨리릴 방법을 고민하고 집대성해 만든 매뉴얼이기 때문이다.

우리는 이 같은 매뉴얼이 공장과 주요 생산 설비뿐 아니라 일반 조직까지 공작의 대상으로 삼았다는 점을 눈여겨봐야 한다. 70년 전이나, 지금이나 조직이 무너지는 방식에는 큰 차이가 없기 때문이다.

지금도 우리 조직에는 이런 공작원들이 존재한다. 우리도 모르게 조직을 위기에 빠트리려는 조직 구성원들이 그들이다. 이 책을 통해 조직 공작원들의 행동과 전략을 파악하고 그들의 공작 활동을 방지하여 효율적이고 생산성 높은 경쟁력 강한 조직을 만들어나가길 희망한다.

조직은 직무의 합이 아니라

사람의 합이다.

따라서, 현재의 조직 체계 속

필요한 자리에 가장 적합한

사람을 뽑아서

빈 틈을 메워야 한다.

삼성은 왜
CIA 극비문서를 검토했는가

제1판 1쇄 인쇄   2020년 8월 10일
제1판 1쇄 발행   2020년 8월 12일

지은이   이용준
펴낸이   김덕문

펴낸곳   더봄
등록번호   제399-2016-000012호(2015.04.20)
주소   경기도 남양주시 별내면 청학로중앙길 71, 502호(상록수오피스텔)
대표전화   031-848-8007   **팩스** 031-848-8006
전자우편   thebom21@naver.com
블로그   blog.naver.com/thebom21

ISBN 979-11-88522-77-4 03320

시대를 이끄는 지도자들의 영원한 롤모델,
개혁군주 정조의 특별한 리더십과 정치적 기술!

50발의 화살 중 49발을 명중시키고 마지막 1발은 허공으로 쏜 신궁(神弓) 정조의 일화는 유명하다. 정조는 왜 1발을 비워둔 걸까. 여기에 '정조의 리더십 코드 5049'의 비밀이 숨겨져 있다. 이 책《리더라면 정조처럼》은 난관을 헤쳐 나가는 정조의 리더십을 49가지 정책과 실천 사례를 통해 재밌게 풀어나간다. 이 책은 국가의 지도자라면 어떻게 행동해야 하는가를 집중적으로 이야기하고 있지만, 독자들도 온갖 어려움을 극복해낸 정조의 리더십을 이해함으로써 새로운 미래를 만들어가야 하는 리더의 역할에 대한 해답을 얻을 수 있다.

"만약 대통령이 된다면
정조의 개혁정책을 계승하겠다."
-문재인, 19대 대선 당시 마지막 TV연설에서

JTBC
<차이나는 클라스>
화제의 강의

리더라면 정조처럼
신국판 | 368쪽 | 올컬러 | 값 18,000원

지금도 숱한 지도자들이 본받고 싶은 사표로 삼는 개혁군주 정조의 특별한 리더십. 새로운 시대를 이끌어가는 지혜를 만나보자. -KBS

현재와 미래의 지도자들에게 중요한 덕목은 무얼까. 약자 편에 섰던 정조의 리더십은 세계에서도 통한다. -한국일보

저자의 엄청난 내공이 느껴진다. 정조 같은 리더를 다시금 기다리게 만드는 책이다. 순식간에 책장이 넘어간다. -교보문고, 독자 gy**tion 님

정조처럼 매력적인 인물이 우리 역사에 있었다는 것은 축복이다. 난세의 리더 정조를 생생하게 만날 수 있는 최고의 책! -알라딘, 독자 야뇌당님

저자 | **김준혁**
한신대 교수로, 당대 최고의 '정조'와 '화성' 전문가이다. JTBC <차이나는 클라스>와 김용민tv '히히히스토리'에 출연하는 등 방송과 SNS에서 수많은 팬들을 확보하고 있다.

더봄 031·848·8007